| 정브르

135만 구독자를 보유한 생물 크리에이터. 곤충과 파충류부터 바다생물까지 다양한 생물을 소개하는 참신한 콘텐츠를 선보이며 생물 전문 크리에이터로 큰 사랑을 받고 있답니다. 유튜브 채널에서 동물 사육, 채집, 과학 실험 등의 재미있고 유익한 영상을 소개하고 있으며, 도서와 영화를 통해 고유의 콘텐츠와 더불어 동물을 사랑하는 마음까지 대중에게 알리고 있어요.

1판 1쇄 발행 2024년 3월 29일
1판 4쇄 발행 2024년 12월 16일

발행인 | 심정섭
편집인 | 안예남
편집장 | 최영미
편집자 | 이수진, 이선민
브랜드마케팅 담당 | 김지선
출판마케팅 담당 | 홍성현, 김호현
제작 | 정수호

발행처 | (주)서울문화사
등록일 | 1988년 2월 16일
등록번호 | 제 2-484
주소 | 서울특별시 용산구 새창로 221-19
전화 편집 | 02-799-9375   **출판마케팅** | 02-791-0708
본문 구성 | 덕윤웨이브   **디자인** | 권규빈

ISBN 979-11-6923-888-5
　　　979-11-6438-488-4 (세트)

ⓒ정브르. ⓒSANDBOX NETWORK Inc. ALL RIGHTS RESERVED.

차례

탐구 브르의 열대 동물 탐구 노트-① • 4

1화. 브르, 무시무시한 뱀파이어피시를 잡다! • 6
화려한 무늬의 피콕배스 • 15
놀이 브르의 숨은 그림 찾기 • 22

2화. 대왕 울프피시 '아이마라'를 만나다! • 24
리얼 아마존 생물 탐험 • 30

3화. 아마존의 멸종 위기종 보호소를 방문하다! • 44
브르의 생생한 야간 탐사 • 57

4화. 뉴칼레도니아섬의 아쿠아리움에 가다! • 66
뉴칼레도니아섬의 동물원 방문기 • 76
탐구 브르의 열대 동물 탐구 노트-② • 84

5화. 운 좋게 만난 신비로운 생물! • 86
브르, 희귀한 생물을 찾다? • 97

6화. 브르, 베트남 정글로 떠나다! • 102
등화 채집으로 잡힌 생물 • 108

7화. 베트남 계곡에 통발을 던지면?! • 118
브르, 어마어마한 생물 채집기 • 123
베트남에서 채집한 다양한 생물 • 130

놀이 브르의 미로 찾기 • 140

정답 • 142

브르의 열대 동물 탐구 노트 -①

1년 365일 여름, 열대 기후

열대 기후란 가장 추운 달의 평균 기온이 18℃ 이상인 지역을 뜻해요. 기온이 아주 높고 비가 자주 내리지요. 아프리카 대륙, 중앙아메리카와 남아메리카 대륙, 카리브해의 대다수 지역이 열대 기후에 속해 있어요.

소중한 열대 우림

열대 우림은 열대 기후 지역에 있는 숲으로, 다른 지역보다 빽빽한 밀림으로 이루어져 있어요. 열대 우림은 많은 산소를 생산하고 다양한 동식물의 서식지가 되어 주는 등 다양한 자원을 제공해요. 이런 열대 우림이 파괴된다면 지구 온난화의 진행 속도가 빨라지고 수많은 동식물이 멸종 위기에 처하지요.
열대 우림을 보호하기 위해서는 더 이상의 훼손을 막고 보호 캠페인에 관심을 가지는 등의 노력이 필요해요.

다양한 열대 우림

브라질은 남아메리카에 있는 나라로, 지구의 허파라고 불리는 아마존 열대 우림의 가장 큰 면적을 가지고 있어요. 나라의 절반가량이 아마존 열대 우림이며, 카피바라, 검정카이만 등의 다양한 생물이 서식하고 있어요.

브라질

뉴칼레도니아섬

뉴칼레도니아섬은 프랑스에 속한 섬으로, 오스트레일리아의 동쪽에 있어요.
뉴칼레도니아섬에서만 서식하는 희귀한 생물이 많은데, 특히 다양한 종의 도마뱀붙이가 살고 있어 많은 탐험가가 도마뱀붙이를 찾기 위해 뉴칼레도니아섬을 방문하기도 해요.

베트남은 인도차이나반도 동부에 있는 나라로, 북부는 사계절이 있는 몬순 기후, 남부는 우기와 건기가 있는 열대 몬순 기후예요.
전체적으로 후덥지근한 편이며, 아시아코끼리, 물소 등 다양한 생물이 서식하고 있어요.

베트남

1화
브르, 무시무시한 뱀파이어피시를 잡다!

안녕, 브린이들! 오늘은 엄청나게 큰 물고기를 잡으러 갈 거예요.

뱀파이어피시라고 불리는 카쇼로인데, 아마존 전체에 분포하고 약 일곱 종이 있습니다.

자연을 품은 아마존~.

그중에서 가장 큰 아마투스라는 뱀파이어피시를 잡아 볼 겁니다.

아마투스

브르 반가워~.

슈웅

오! 여러분 청금강앵무예요.

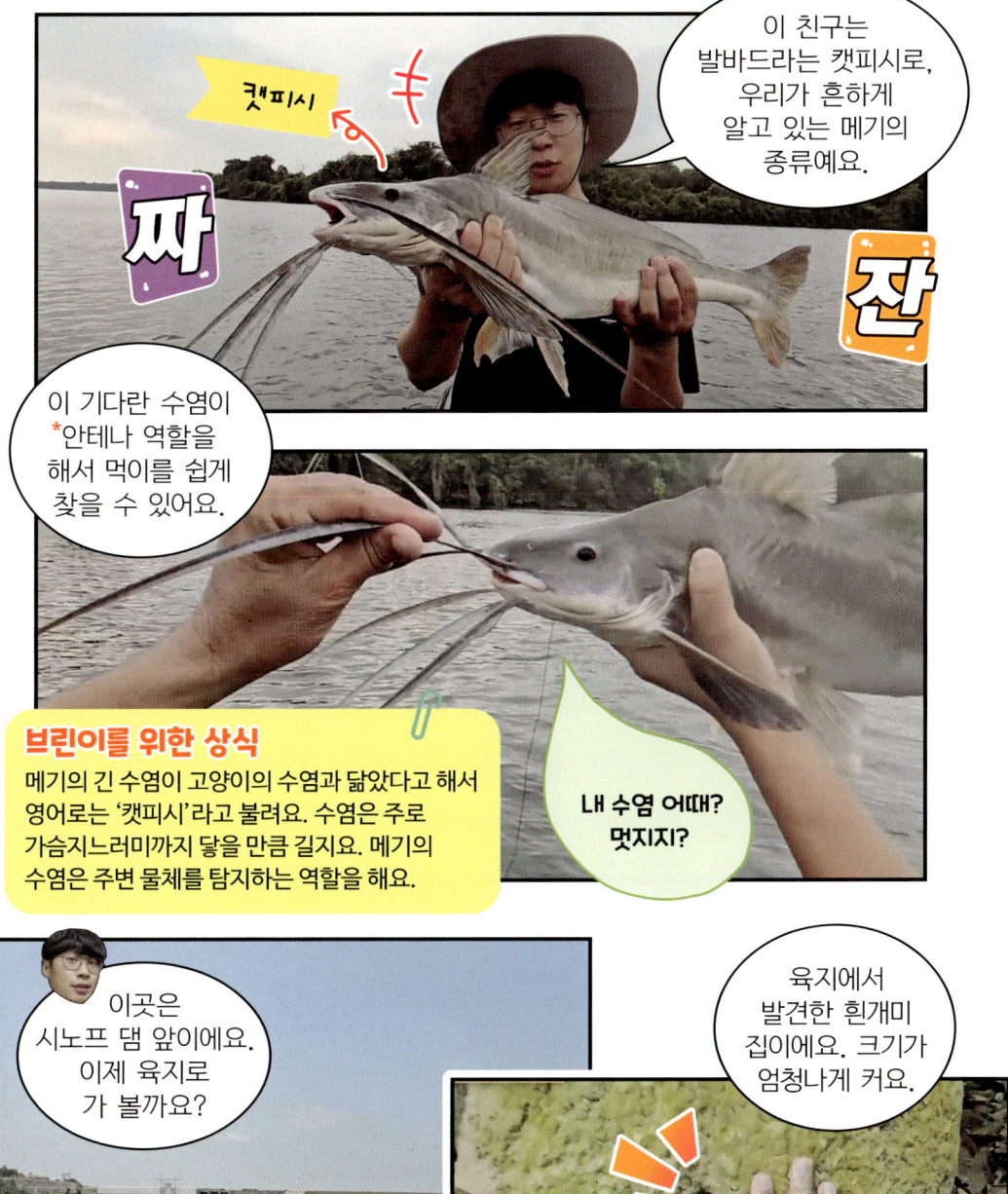

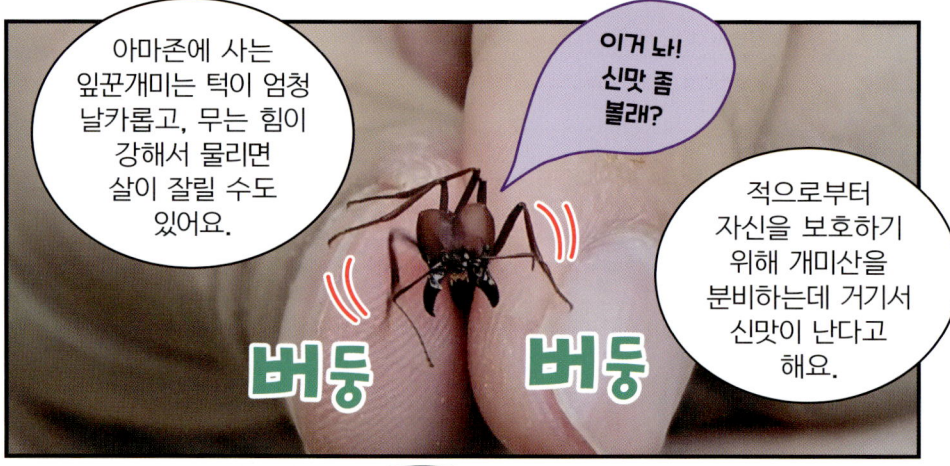

화려한 무늬의 피콕배스

오늘은 아마존강으로 피콕배스를 잡으러 갈 거예요.

피콕배스는 약 스무 종이 있는데, 색깔부터 모양, 크기가 조금씩 다릅니다.

우리나라에도 배스가 서식하지만 오늘은 다른 종류의 배스를 잡아 보려고 해요.

피콕배스를 잡으러 가는 길.

드디어 도착했습니다! *유목이 많은 이곳에 피콕배스가 서식한대요.

주로 농어목 혹은, 그것과 비슷하게 생긴 물고기를 배스라고 해요.

*유목: 어린나무.

15

*어종: 물고기의 종류.

정브르의 생물 탐구

물의 상태가 좋지 않거나 수조가 작으면 열대어가 스트레스를 받아요. 열대어를 건강하게 키우기 위해서는 스트레스를 관리해 주는 것이 중요해요.

★정브르의 생물 탐구★

생물 이름: 청소물고기

주로 남미에 서식하는 청소물고기는 이름처럼 이끼나 사료 찌꺼기 등을 먹어서 물속을 청소해요.
아직 이름이 붙여지지 않았거나 발견되지 않은 종 등 다양한 종이 있지요.

영상으로 확인해 봐요!

★정브르의 생물 탐구★

생물 이름: 구피

송사릿과의 구피는 대표적인 열대어 중 하나예요.
몸은 가늘고 길며, 몸길이는 암컷이 약 6cm, 수컷이 약 3cm예요.
암컷에 비해 수컷의 몸 색깔이 더 화려하지요.

영상으로 확인해 봐요!

2화 대왕 울프피시 '아이마라'를 만나다!

오늘은 아이마라라는 울프피시를 잡으러 갈 거예요.

피라냐 천적이자 굉장히 사나운 종이에요. 보이는 건 다 물어뜯는 무시무시한 물고기입니다.

나도 사냥 중이야, 깨로!

반가워~.

여기서는 깨로깨로라고 불리는 새래요.

울프피시 서식처에 도착했어요.

이제 미끼를 던져 볼게요~.

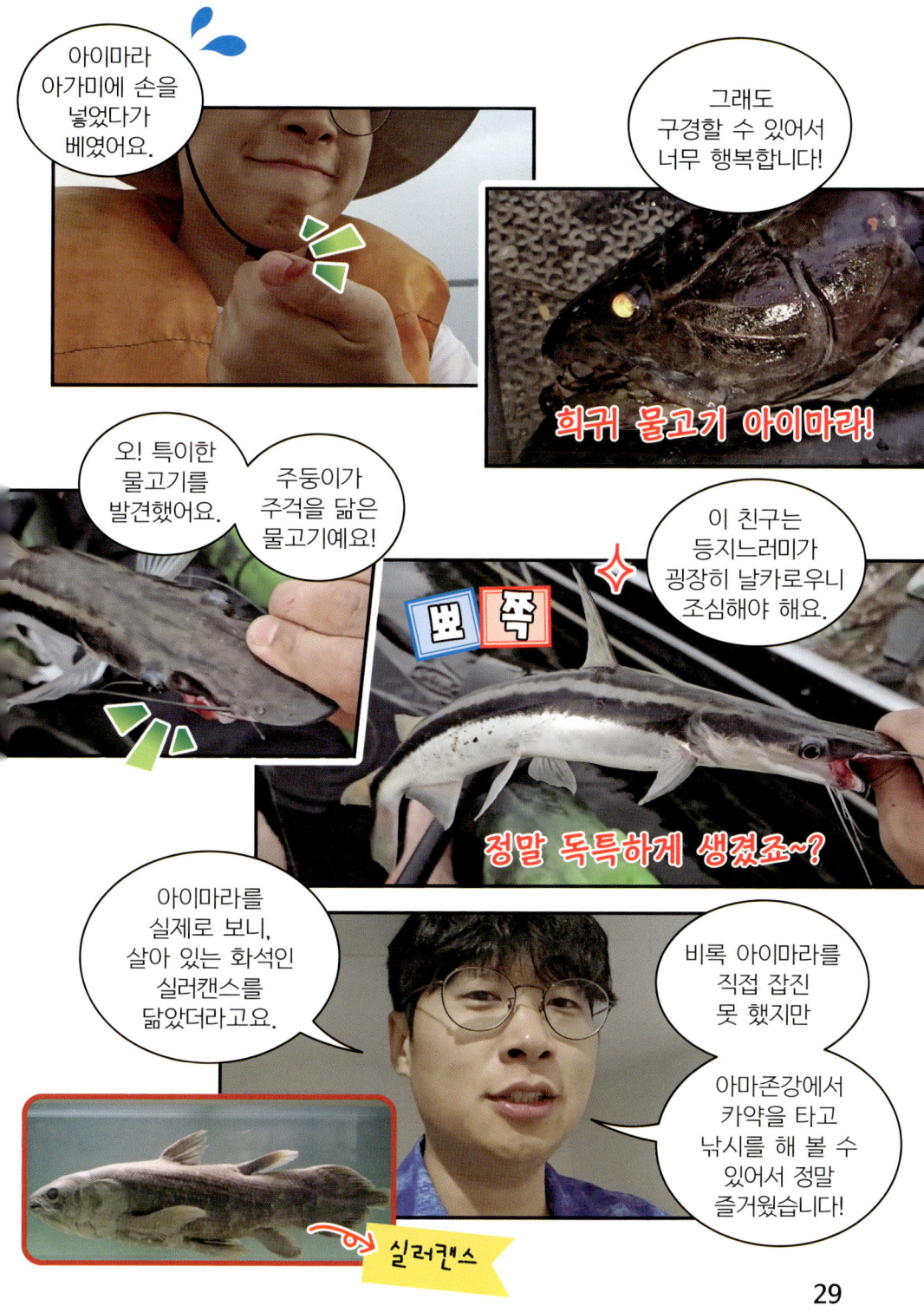

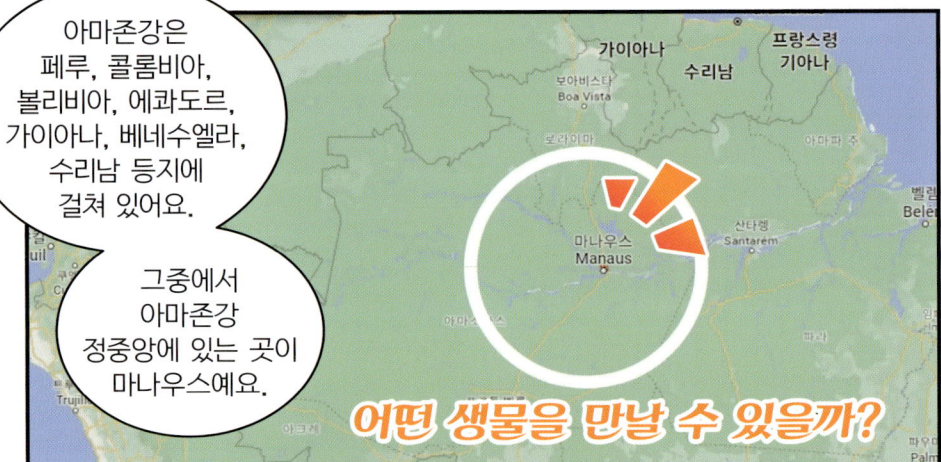

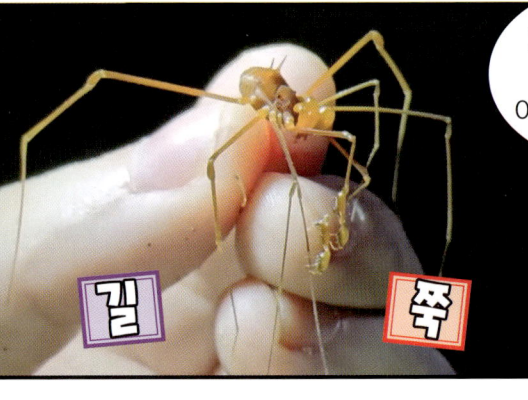

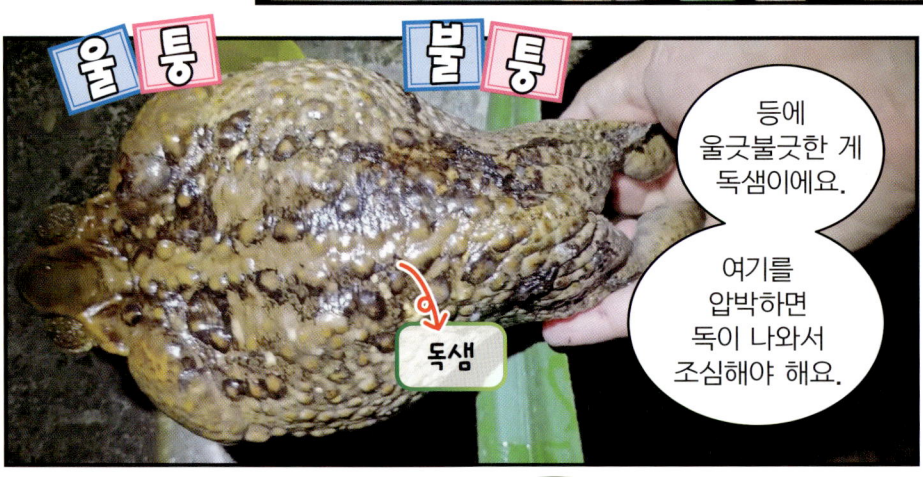

정브르의 생물 탐구

지구상에는 투명한 몸을 가진 신비한 생물이 있어요.
그중에서 대표적인 생물로는 유리개구리와 유리날개나비가 있어요.

★정브르의 생물 탐구★

생물 이름: 유리개구리

유리개구리는 투명한 몸을 가진 개구리예요. 포식자에게서 자신을 보호하기 위해 적혈구를 간에 모아 몸을 투명하게 만들 수 있지요. 가만히 휴식할 땐 혈관 속 혈액까지 투명해지는 특징이 있어요.

- 크기: 약 2~3cm
- 먹이: 작은 곤충
- 사는 곳: 습한 열대 우림

영상으로 확인해 봐요!

★유리처럼 투명한 생물★

유리개구리처럼 투명한 몸을 가진 열대 동물에는 유리날개나비가 있어요. 유리날개나비는 날개에 약간의 테두리가 있고, 나머지 부분은 유리처럼 투명해요.

유리날개나비의 날개가 투명한 것은 털처럼 생긴 비늘이 빛을 모두 투과하기 때문이에요. 투명한 날개는 포식자의 눈에 쉽게 보이지 않아 몸을 숨기기에 유리해요.

유리개구리

유리날개나비

3화 아마존의 멸종 위기종 보호소를 방문하다!

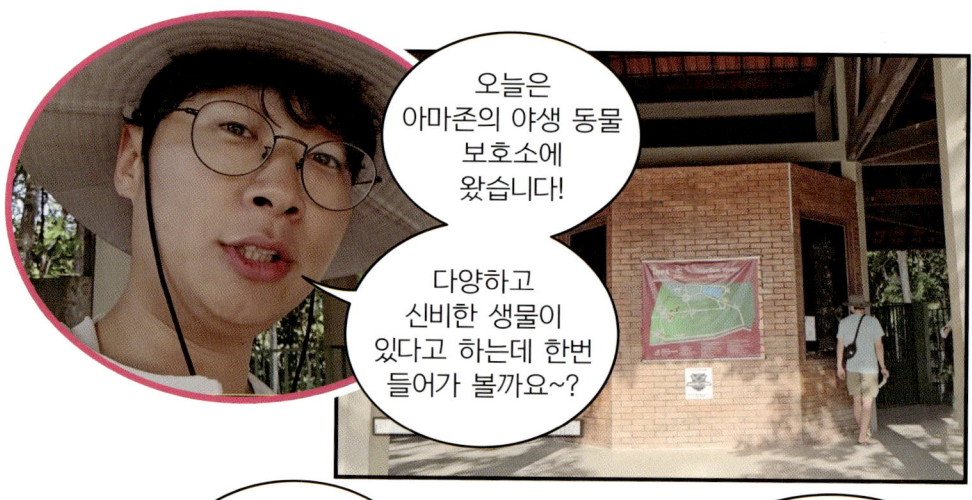

브린이를 위한 상식

큰수달은 남아메리카에 서식하는 수달 중 하나로, 족제빗과 중에서 가장 긴 몸을 가지고 있어요. 몸길이는 최대 1.5~2m이고, 몸무게는 약 30kg이에요.

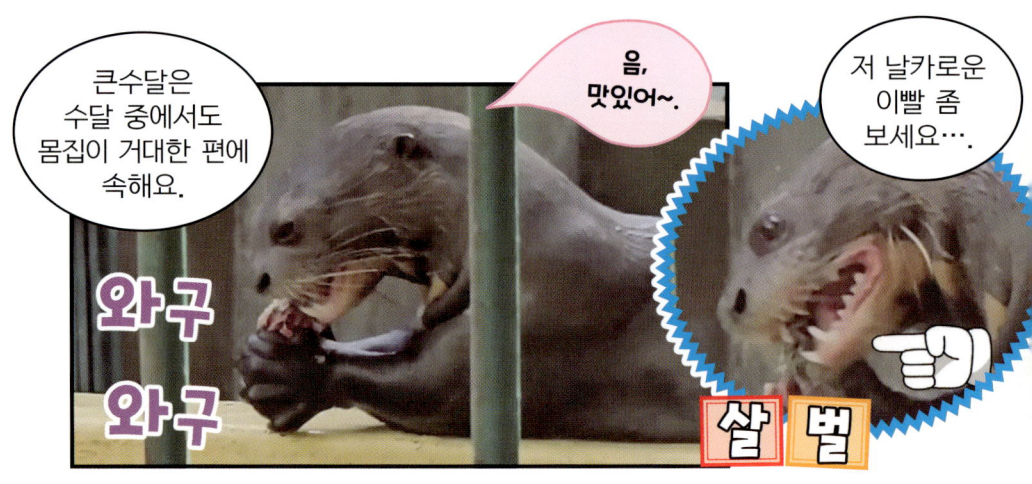

큰수달은 수달 중에서도 몸집이 거대한 편에 속해요.

음, 맛있어~.

저 날카로운 이빨 좀 보세요….

와구 와구

살 벌

오! 매너티도 볼 수 있대요.

물속에 있어서 잘 안 보이네요.

물 위에 떠 있는 건 호박과 당근으로 매너티의 먹이입니다.

호박과 당근

매너티는 주로 느리게 흐르는 얕은 강에 사는 초식 동물이에요. 지금은 국제 멸종 위기종으로 개체 수가 감소하고 있어요.

비슷하게 생긴 동물로는 듀공이 있어요.

브린이를 위한 상식

'인어'라고도 불리는 매너티는 최대 1,600kg까지 커지는 거대한 수생 동물로 방귀를 이용해서 부력을 조절해요. 위로 올라가기 위해서는 방귀를 잔뜩 모으고, 아래로 내려가기 위해서는 방귀를 뀌지요.

안내판을 보면 토코투칸 종류와 나무늘보, 원숭이, 큰수달이 있다고 적혀 있어요.

오! 테일리스휩 스콜피온도 살고 있네요.

테일리스휩 스콜피온은 제가 직접 잡아 봤었죠.

아주 멋있는 친구예요.

여기 물가에는 어떤 생물이 살까요?

전기뱀장어다!

크기가 크진 않지만 저 정도만 되어도 사람이 감전될 수 있으니, 조심해야 합니다.

숨어 있는 전기뱀장어.

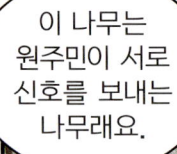

이 나무는 원주민이 서로 신호를 보내는 나무래요.

아마존은 굉장히 넓어서 소통할 때는 이 나무를 사용한대요.

여기 보면 나무를 친 흔적이 있어요.

나무 안이 비어서 돌 같은 걸로 두드리면 울림이 멀리까지 퍼진다고 해요.

생존을 위한 신호이기도 하고 일상 신호이기도 합니다.

거대

나무가 엄청 커요!

오! 아마존에 있는 걸어 다니는 나무예요.

이동에 오랜 시간이 걸리지만, 식물이 이동하다니 너무 신기하죠?

브린이를 위한 상식

주로 '걸어 다니는 나무', '걷는 야자' 등의 별명으로 불리는 '소크라테아 엑소르히자'라는 식물이에요. 햇빛을 얻기 위해 이동할 방향으로 새로운 뿌리를 뻗고 원래 있던 뿌리는 죽이는데, 이 모습이 마치 사람이 걷는 것과 비슷하게 보인다고 해요.

제가 제일 좋아하는 헤라클레스 장수풍뎅이도 있고,

넵튠 장수풍뎅이도 있어요.

전 세계에서 가장 큰 나뭇잎인 것 같아요.

도마뱀과 뱀 등 많은 생물의 그림이 있는데, 진짜 살아 있는 것 같아요.

개구리 사진도 다양해요. 볼 것이 참 많네요!

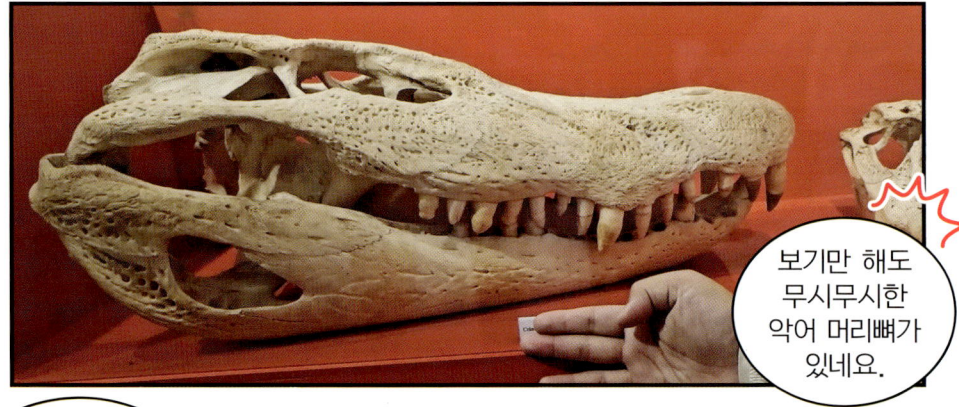

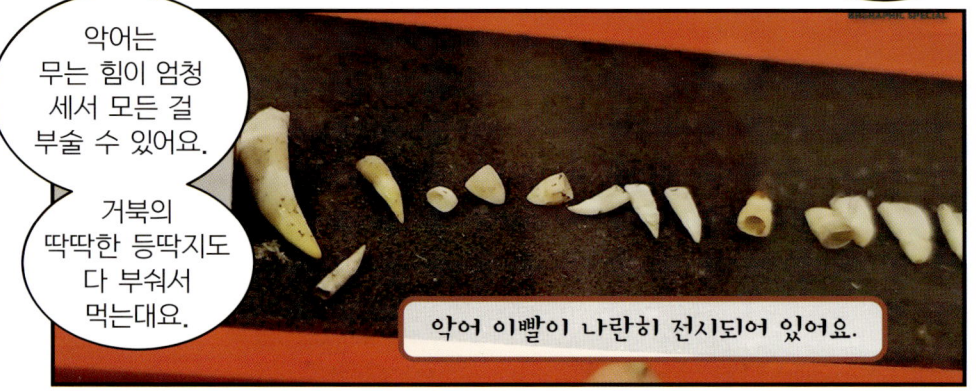

브린이를 위한 상식

잎꾼개미는 자기 몸보다 훨씬 큰 나뭇잎도 거뜬히 들 수 있어요. 그렇게 가져온 잎을 양분으로 삼아서 버섯을 재배하고, 직접 기른 버섯을 식량으로 사용하지요.

브린이를 위한 상식

채찍전갈은 채찍처럼 긴 꼬리를 가지고 있어요. 위험에 처했을 때 식초 냄새가 나는 액체를 내뿜어서 식초전갈이라고도 불리지요. 가장 앞의 두 다리는 더듬이와 같은 감각 기관으로 사용해요.

정브르의 생물 탐구

같은 바다소목에 속한 매너티와 듀공은 많은 사람이 헷갈릴 정도로 생김새가 닮았어요. 하지만 쉽게 구분할 방법이 있지요.

★정브르의 생물 탐구★

생물 이름: 매너티

매너티는 하루에 약 20kg이 넘는 엄청난 양의 먹이를 먹어요. 윗입술이 반으로 갈라져 있어서 먹이를 먹을 때는 갈라진 입술을 집게처럼 사용하지요.

- 크기: 약 2.5m~4.6m
- 먹이: 수초, 해조류 등
- 사는 곳: 얕은 해역, 속도가 느린 강

영상으로 확인해 봐요!

↑ 잠수 중인 매너티

★매너티와 듀공의 차이★

매너티와 듀공은 생김새가 비슷하고 새끼를 안아 젖을 먹인다는 점 등 공통점이 많아요. 얼핏 보면 헷갈리기 쉬운 매너티와 듀공을 가장 쉽게 구별하는 방법은 바로 꼬리의 생김새지요. 매너티는 둥글고 뭉툭한 모양의 꼬리를 가졌지만 듀공은 고래처럼 갈라진 꼬리를 가지고 있어요.

또 다른 점으로 듀공은 바다에서만 서식하고, 매너티는 바다와 강을 오가며 서식한다는 점이 있지요.

매너티

듀공

4화
뉴칼레도니아섬의 아쿠아리움에 가다!

오늘은 뉴칼레도니아섬에 있는 아쿠아리움에 가려고 해요.

자연과 어우러진 도시, 뉴칼레도니아섬.

이건 미모사라는 식물이에요.

이렇게 건드리면 쓱

꿈틀꿈틀 해요. 꿈틀 꿈틀

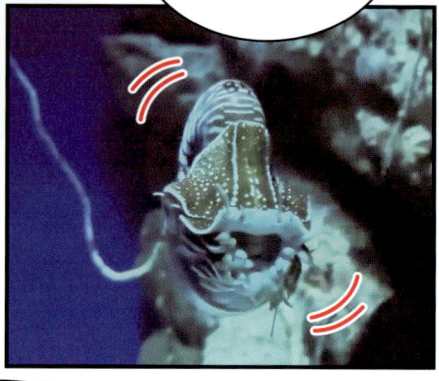

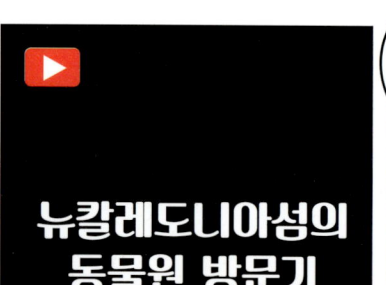

뉴칼레도니아섬의 동물원 방문기

동물원으로 이동 중에 잠깐 들른 뉴칼레도니아섬에 있는 항구예요.

내가 먼저 갈 거야!

숭어 종류의 작은 물고기가 굉장히 많아요.

꼬물 꼬물

섬 곳곳에 앵무새가 있어요.

쉽게 볼 수 있는 앵무새.

앵무새가 나무에 붙어 있는 열매를 뜯어 먹고 있어요.

이게 앵무새가 먹는 열매인 것 같아요. 바닥에 많이 떨어져 있네요.

냠 냠

음~ 맛있다!

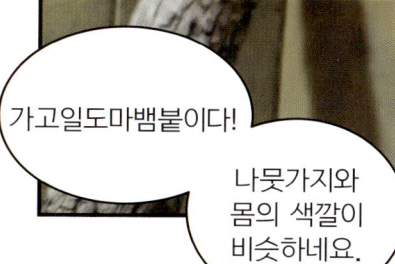

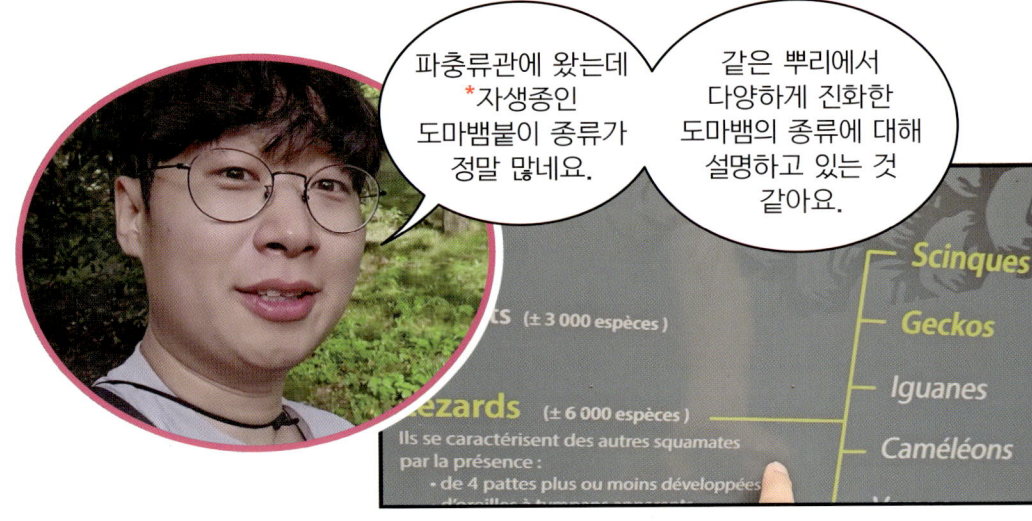

파충류관에 왔는데 *자생종인 도마뱀붙이 종류가 정말 많네요.

같은 뿌리에서 다양하게 진화한 도마뱀의 종류에 대해 설명하고 있는 것 같아요.

실제로 자연에서 많이 만나 볼 수 있는 친구도 있고, 이곳에서만 볼 수 있는 친구도 있어요.

다양한 종류의 생물이 서식하고 있는 것 같아요.

생생한 사진 자료!

*자생종: 어떤 지역에 오래전부터 자연적으로 퍼져서 살고 있는 고유한 종.

정브르의 생물 탐구

두족류란 연체동물 중에서 가장 진화한 형태로, 척추가 없는 무척추동물이에요. 문어, 오징어, 낙지와 같은 생물이 속해 있어요.

★정브르의 생물 탐구★

생물 이름: 앵무조개

검게 물든 껍질의 끝부분이 앵무새의 부리와 닮아서 앵무조개라고 불려요. 수명은 약 20년으로, 두족류 중에 긴 편에 속해요.

· 크기: 약 20cm
· 먹이: 작은 어류, 갑각류
· 사는 곳: 산호초 지대의 경사진 해저

영상으로 확인해 봐요!

★고생대를 거친 두족류의 생물★

암모나이트는 두족류에 속하는 생물로, 고생대 때부터 지구에 서식한 것으로 추정돼요. 하지만 앵무조개와 달리 중생대의 백악기 말에 공룡과 함께 멸종했지요.

암모나이트와 앵무조개는 비슷한 생김새에 모두 두족류에 속하지만, 암모나이트는 앵무조개아강의 앵무조개보다는 초형아강의 오징어, 문어에 더 가까운 생물이라고 해요.

앵무조개

암모나이트

브르의 열대 동물 탐구 노트-②

별별 열대 동물 상식

토코투칸은 몸길이의 3분의 1이나 되는 크고 긴 부리를 가지고 있어요. 거대한 부리로 체온을 조절하거나 포식자를 위협해 자신을 지키는 데 사용해요.

생물 이름: 토코투칸

생물 이름: 카피바라

설치류 중에서 거대한 몸집을 가진 카피바라는 100cm가 넘게 자랄 수 있어요. 주로 곡물이나 수생 식물을 먹고, 잠수와 수영을 잘해서 천적이 나타나면 물속으로 도망쳐요.

주로 나무 위에서 생활하는 나무늘보는 갈고리 모양의 튼튼한 발톱을 이용해서 나무에 매달릴 수 있어요. 나무늘보의 수명은 약 10~30년으로 긴 편에 속하지만, 열대 우림의 파괴로 수명이 줄 수 있어요.

생물 이름: 나무늘보

생물 이름: 재규어

재규어는 고양잇과에 속하는 동물로, 표범과 생김새가 비슷하지만, 얼룩무늬는 더 크고 다리와 꼬리는 짧아요. 어류, 파충류 등 가리지 않고 전부 사냥하며, 나무 타기와 수영도 잘하는 최상위 포식자예요.

개미핥기는 이름처럼 주로 개미와 흰개미를 먹는 동물이에요. 입이 작고 이빨이 없는 대신 길고 끈적끈적한 혀로 개미를 혀에 붙여 사냥하지요.

생물 이름: 개미핥기

생물 이름: 오실롯

고양잇과의 오실롯은 수컷이 암컷보다 약 3배 정도 커요. 몸길이는 55~102cm 정도이고 꼬리 길이는 약 27~45cm이지요. 야행성이고 설치류, 토끼, 물고기 등을 먹어요.

5화 운 좋게 만난 신비로운 생물!

오늘은 새로운 탐사 지역에 왔습니다.

어떤 친구들을 만나게 될까요?

정글에는 나무 속에 숨어 사는 친구가 많아요.

나무껍질을 벗겨 볼게요.

도마뱀붙이가 숨어 있었어요!

아, 안녕...?

오늘 처음 소개할 친구는~?

자연과 더불어 살아가는 도마뱀붙이.

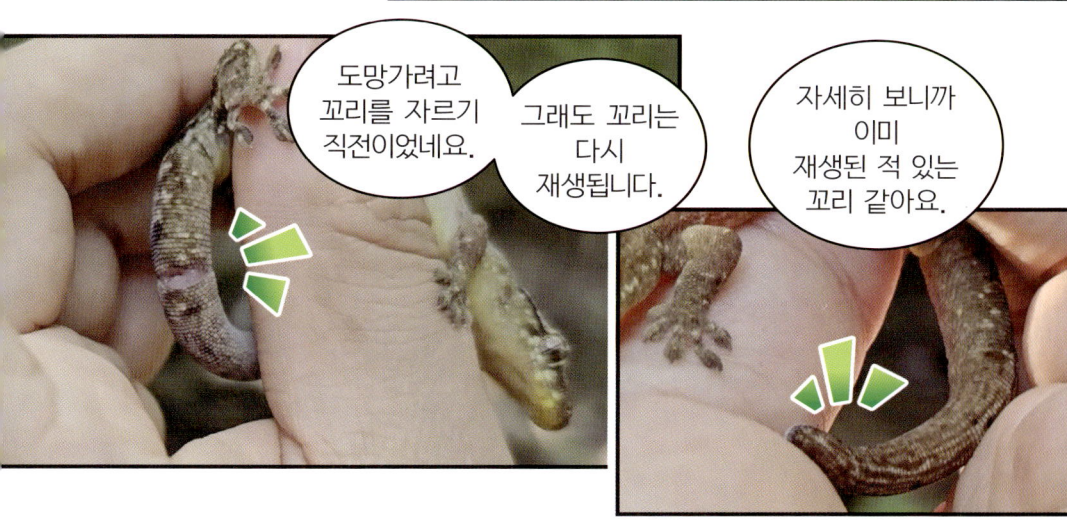

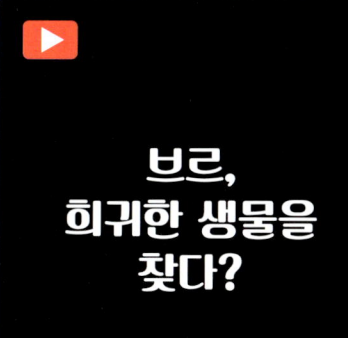

브린이를 위한 상식

해삼은 먹이와 서식처에 따라 색깔이 다르고 몸의 일부가 잘려도 재생이 되는 신비한 생물이에요. 일부 해삼은 위협을 느끼면 항문으로 내장을 뿜어서 자신을 보호하지요. 쏟아진 내장은 끈적이고 질겨서 천적을 제압하기에 좋아요.

정브르의 생물 탐구

도마뱀은 파충류 중에서도 종류가 다양한 생물로, 주로 게코라고 불리는 도마뱀붙이와 땅을 파는 습성이 강한 스킨크 등이 속해 있어요.

★정브르의 생물 탐구★

생물 이름 : 사타닉리프테일 게코

마다가스카르섬에 서식하는 도마뱀붙이로, '리프(leaf)'라는 이름처럼 나뭇잎과 닮은 꼬리를 가지고 있어요. 몸의 색깔이 낙엽과 비슷해서 자연에서 발견하기 쉽지 않아요.

영상으로 확인해 봐요!

★정브르의 생물 탐구★

생물 이름 : 푸른혀도마뱀

푸른혀도마뱀은 '블루텅스킨크'라고도 불러요. '텅(tongue)'은 혀라는 뜻으로, 파란색 혀를 가진 도마뱀이에요.
푸른혀도마뱀은 과일과 작은 설치류 등을 먹는 잡식성으로 혀로 먹이를 찾아요.

영상으로 확인해 봐요!

6화
브르, 베트남 정글로 떠나다!

여러분, 이번에는 베트남에 왔습니다.

베트남 정글에는 어떤 생물이 기다리고 있을까요?

자연 풍경이 아름다운 나라.

주로 음료로 마시는 코코넛은 코코야자의 열매로, 대표적인 열대 과일이에요.

지금은 아직 덜 익었지만 다 익으면 갈색으로 변해요.

둥글 둥글

코코야자다!

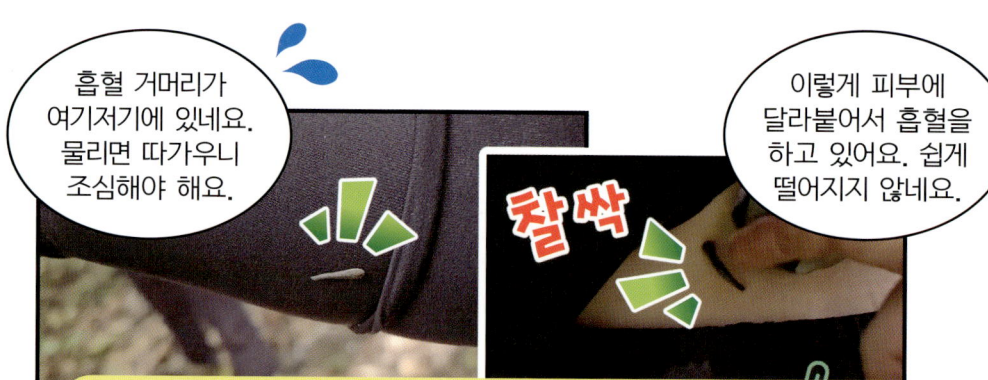

브린이를 위한 상식

거머리는 바다, 민물, 육상 등에서 서식해요. 대부분의 거머리는 다른 동물에게 달라붙어 피를 빨아 먹으면서 살아가요. 그 외의 거머리는 지렁이, 달팽이 같은 작은 무척추동물을 잡아먹고 살아가지요.

이렇게 바로 보게 될 줄이야! 정말 멋지죠?

역시 밤이 되니까 보기 힘든 곤충도 몰려오네요.

이게 바로 등화 채집의 묘미입니다.

등딱지도 참 예쁜 친구입니다.

내 짝은 어디 있지?

다양한 곤충과 나방도 놀러 왔어요.

오늘은 여기서 자야지~.

반가워!

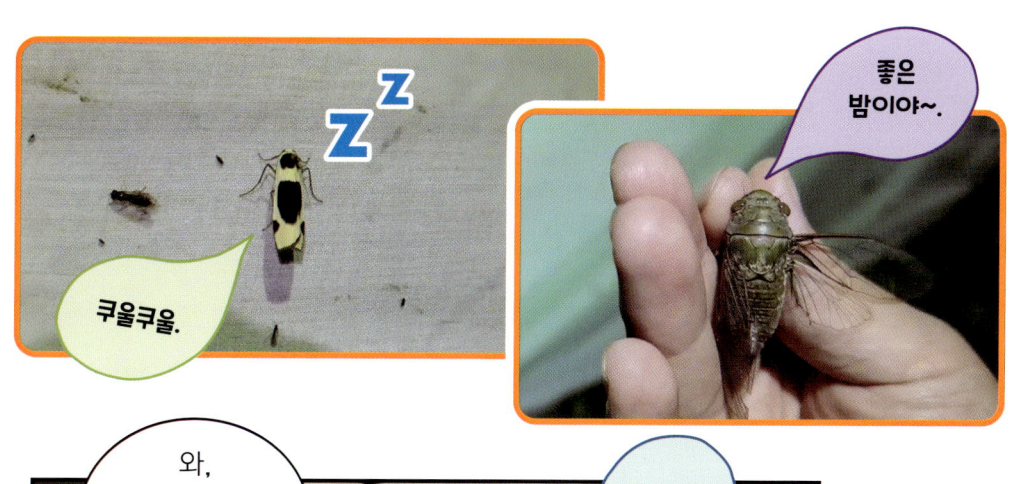

브린이를 위한 상식

오각뿔장수풍뎅이는 총 다섯 개의 뿔을 가지고 있는 장수풍뎅이에요. 다른 장수풍뎅이에 비해 온순한 편이지요. 성충은 주로 썩은 과일과 수액 등을 먹고, 유충은 썩은 나무나 부엽토를 먹어요.

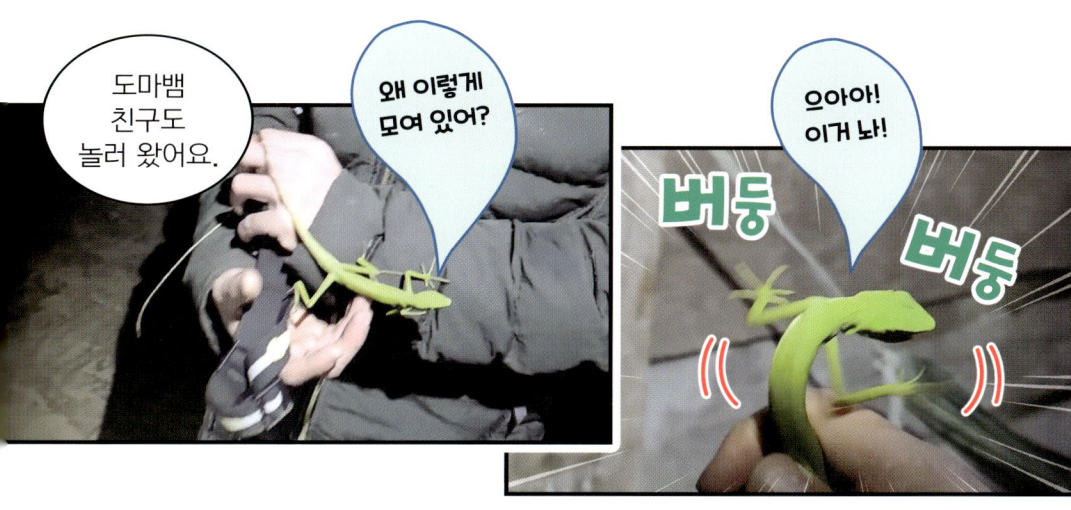

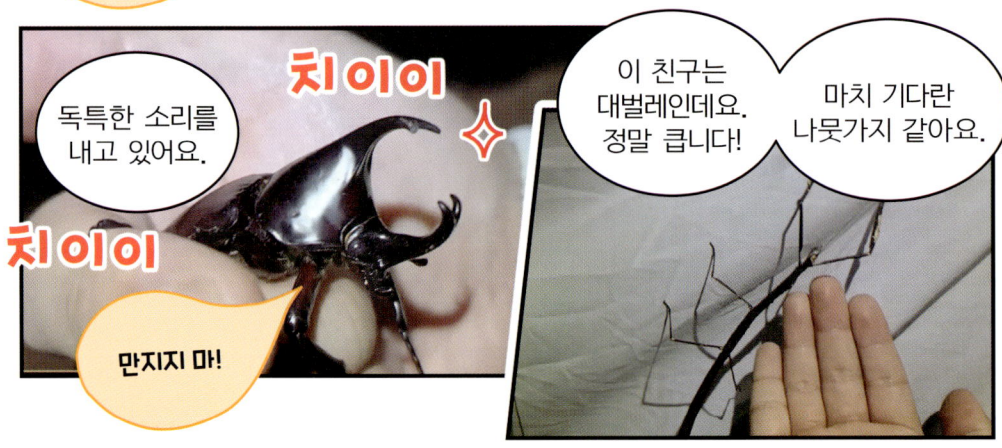

정브르의 생물 탐구

흡혈이란 피를 빨아들인다는 뜻으로, 흡혈 동물은 다른 동물의 피를 빨아 먹으면서 영양분을 채우는 동물을 뜻해요.

★정브르의 생물 탐구★

생물 이름: 거머리

거머리는 주로 다른 동물에게 달라붙어 피를 빨아 먹는 기생 동물이에요. 몸무게의 10배가 넘는 피를 빨아 먹을 수 있지요. 일부 거머리는 지렁이나 달팽이처럼 작은 무척추동물을 잡아먹기도 해요.

· 먹이: 동물의 피
· 사는 곳: 전 세계의 육지, 바다 등

영상으로 확인해 봐요!

★흡혈 동물의 종류★

대표적인 흡혈 동물로는 우리에게 익숙한 모기가 있어요. 암컷 모기만 흡혈할 수 있으며, 흡혈을 통해 알을 낳고 번식하는 데 필요한 단백질을 공급받아요.

또 다른 흡혈 동물로는 주로 남미에 서식하는 흡혈박쥐가 있어요. 날카로운 이빨로 동물의 피부를 뚫고 흐르는 피를 핥는 방식으로 사냥해요. 흡혈박쥐는 식도가 가늘어 혈액 이외의 먹이는 섭취하기 힘들어요.

모기

흡혈박쥐

7화 베트남 계곡에 통발을 던지면?!

오늘은 베트남 계곡에서 야간 탐사를 할 거예요!

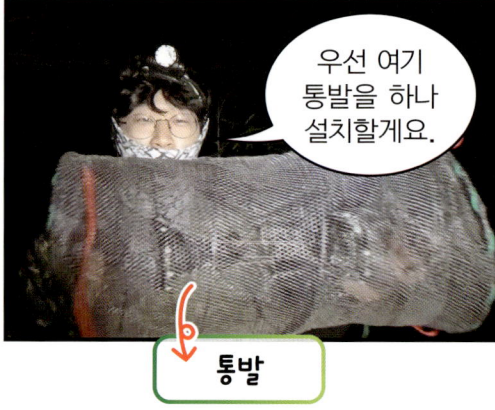

우선 여기 통발을 하나 설치할게요.

통발

미끼로 말린 오징어를 가지고 왔어요.

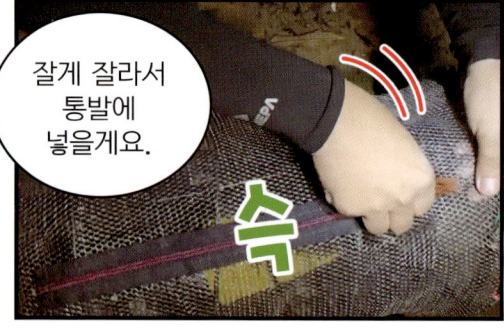

잘게 잘라서 통발에 넣을게요.

풍 덩

어떤 생물이 잡힐까?

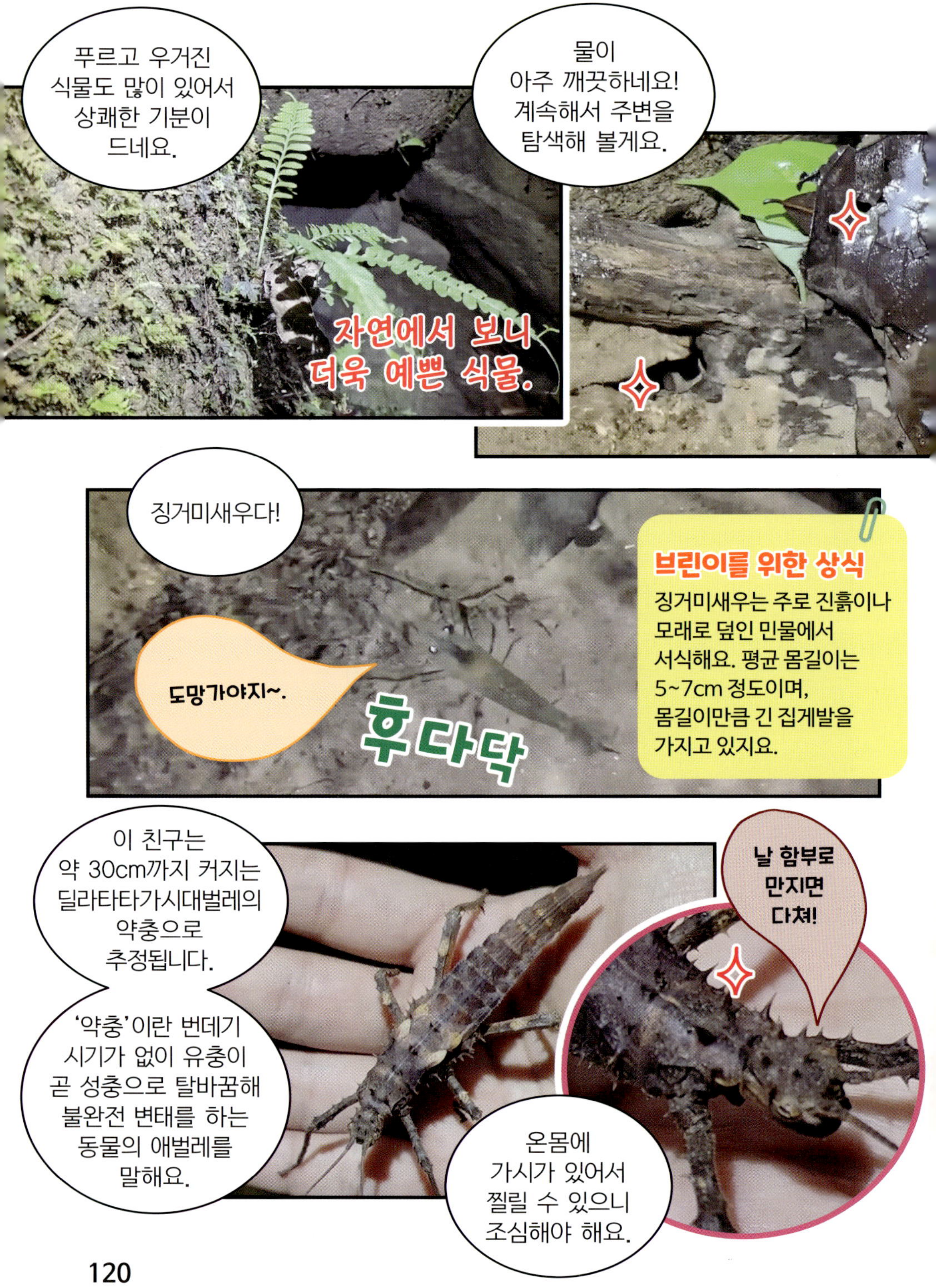

브린이를 위한 상식

나뭇잎과 닮은 생김새의 잎사귀벌레는 의태를 하는 곤충이에요. 의태란 동물이 자신을 보호하거나 사냥하기 위해 모양이나 색깔이 주위의 환경과 비슷해지는 것을 말하지요.

감쪽같은 의태.

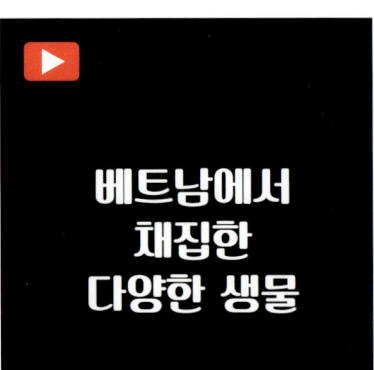

베트남에서 채집한 다양한 생물

이곳에 정말 다양한 생물이 있다고 해서 방문했어요.

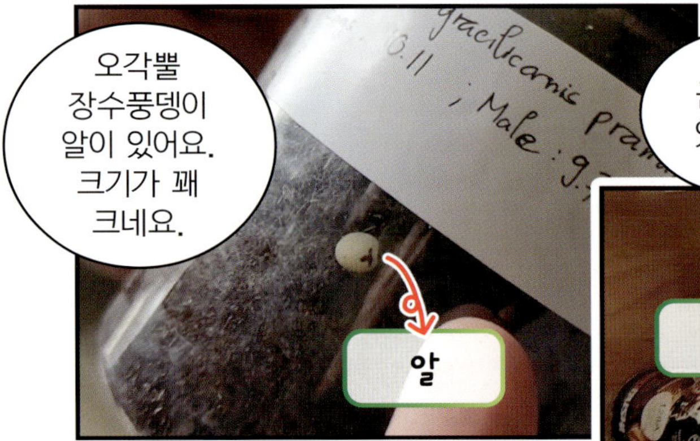

오각뿔 장수풍뎅이 알이 있어요. 크기가 꽤 크네요.

알

균사도 있네요.

유충의 규모를 키우기 위해 버섯균을 톱밥에 넣는 걸 균사라고 해요.

균사

내가 좀 멋져.

오각뿔 장수풍뎅이 수컷입니다.

뿔이 정말 깁니다.

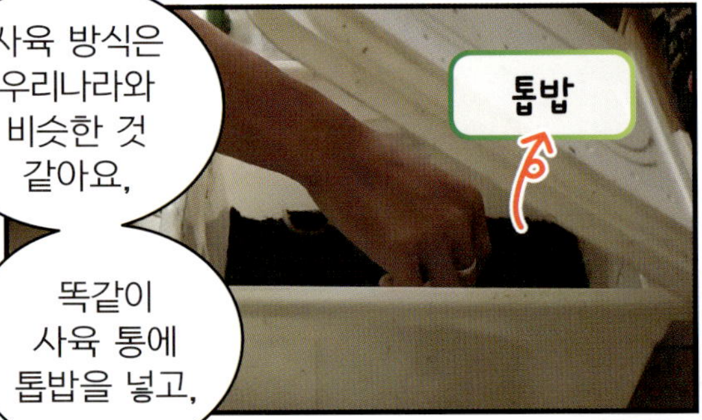

*저지대: 지대가 낮은 곳.
*흉각: 절지동물의 가슴에 달린 다리.

브린이를 위한 상식

물장군은 노린재목으로 노린재 중에서 몸길이가 큰 편에 속하는 곤충이에요. 서식지 파괴, 환경 변화로 개체의 수가 줄어 멸종 위기 야생 생물 2급으로 지정되었어요. 뾰족한 입으로 물고기, 올챙이, 개구리 등의 체액을 빨아 먹어요.

와, 정말 독특하게 생겼어요. 더듬이에 수염이 있는데 아마도 수염하늘소 같아요.

화려

여기에 오각뿔장수풍뎅이 알이 있어요.

자연에서는 대나무 숲에서 많이 발견됩니다.

무사히 태어나길~.

이곳에 오각뿔장수풍뎅이 애벌레가 있대요.

저기 있다!

짜잔

지금은 노란색인데, *종령일 때 몸에 지방이 차면서 색깔이 변합니다.

아주 신기한 경험이네요.

*종령: 애벌레가 번데기가 되기 전 마지막 단계.

여기 등갑에 손톱을 넣으면 깎일 정도로 집히는 강도가 강해요.

봉지를 넣어 볼게요.

쑥

딸깍

오, 봉지를 세게 집었어요!

이구아나다. 안녕~.

안녕~.

와아 예쁜 실내 정원이 있네요.

거대한 청소물고기도 있네요.

세상에는 정말 많은 생물이 살아간다는 것을 알 수 있었던

뜻깊은 여행이었습니다.

여행이 즐거웠길 바라~.

정브르의 생물 탐구

딱정벌레목의 장수풍뎅이는 수컷의 머리에만 긴 뿔이 있고 암컷은 뿔이 없어 암수의 구분이 어렵지 않아요.

★정브르의 생물 탐구★

생물 이름 : 헤라클레스 장수풍뎅이

헤라클레스장수풍뎅이 수컷은 최대 약 17cm까지 성장하는 엄청난 크기의 장수풍뎅이에요. 중남미의 열대 우림에 넓게 분포하고 있으며, 유충은 주로 썩은 나무를, 성충은 수액과 썩은 과일을 먹어요.

영상으로 확인해 봐요!

★정브르의 생물 탐구★

생물 이름 : 케이론장수풍뎅이

헤라클레스장수풍뎅이와 함께 대형 장수풍뎅이에 속하는 케이론장수풍뎅이는 수컷이 최대 14cm까지 자라요. 인도네시아, 말레이시아 등의 동남아시아에 서식하고 있어요.

영상으로 확인해 봐요!

정답

24~25p

브로의 숨은 그림 찾기
꼭꼭 숨어 있는 그림 5개를 찾아보세요.

숨은 그림 5개: 체리 장미꽃 모자 마이크 지갑

140~141p

브로의 미로 찾기
미로를 탈출해 도착지로 가요.

뚜식이

엉뚱 발랄 **뚜식이 뚜순이** 남매의 웃음 폭탄 이야기!

웃음과 감동 무제한 서비스!
뚜! 뚜! 뚜식이~ ♪ ♫

뚜식이 특★판

공포판